Perezoso

Grace Hansen

abdobooks.com

Published by Abdo Kids, a division of ABDO, P.O. Box 398166, Minneapolis, Minnesota 55439.
Copyright © 2024 by Abdo Consulting Group, Inc. International copyrights reserved in all countries.
No part of this book may be reproduced in any form without written permission from the publisher.
Abdo Kids Jumbo™ is a trademark and logo of Abdo Kids.

Printed in the United States of America, North Mankato, Minnesota.

052023

092023

THIS BOOK CONTAINS RECYCLED MATERIALS

Spanish Translator: Maria Puchol

Photo Credits: Alamy, Getty Images, Minden Pictures, Shutterstock

Production Contributors: Teddy Borth, Jennie Forsberg, Grace Hansen
Design Contributors: Candice Keimig, Victoria Bates

Library of Congress Control Number: 2022950865

Publisher's Cataloging-in-Publication Data

Names: Hansen, Grace, author.

Title: Perezoso/ by Grace Hansen

Other title: Sloth. Spanish

Description: Minneapolis, Minnesota: Abdo Kids, 2024. | Series: Animales sudamericanos | Includes
    online resources and index

Identifiers: ISBN 9781098267629 (lib.bdg.) | ISBN 9781098268183 (ebook)

Subjects: LCSH: Sloths--Juvenile literature. | Mammals--Behavior--Juvenile literature. | South America--
    Juvenile literature. | Rain forest animals--Juvenile literature. | Zoology--Juvenile literature. | Spanish
    Language Materials--Juvenile literature.

Classification: DDC 599.313--dc23

Contenido

América del Sur 4

El perezoso 6

Alimentación 16

Crías de perezosos 18

Más datos 22

Glosario 23

Índice 24

Código Abdo Kids 24

América del Sur

América del Sur está llena de
hermosos paisajes, desde los
bosques lluviosos hasta las
cordilleras montañosas. Una
gran **diversidad** de animales
vive en este **continente** gracias
a estos lugares. Los perezosos
son uno de ellos.

5

El perezoso

Los perezosos viven por toda América Central y del Sur. Existen seis **especies** diferentes de perezosos. Se dividen en dos grupos, perezosos de dos dedos y de tres dedos.

perezoso de tres dedos (tridáctilos)
perezoso de dos dedos (didáctilos)
7

Excepto por los dedos de los pies, los perezosos son muy parecidos. Tienen las patas largas, la cabeza redonda y las orejas pequeñas.

perezoso bayo
de tres dedos

El pelaje de los perezosos puede ser gris, negro o color café, dependiendo de la especie. Los de tres dedos tienen un diseño especial en la cara que les dibuja una sonrisa.

Los perezosos se mueven muy lentamente. Algunos pasan la mayoría del día colgados boca abajo, otros se acomodan en las ramas de los árboles.

perezoso de
dos dedos
13

Al no moverse mucho, a los perezosos les crecen **algas** en el pelaje. Por eso tienen un color verdoso, esto les ayuda a camuflarse entre los árboles.

Alimentación

Comen todo lo que encuentran por los árboles, frutas y partes de plantas. A veces comen larvas de insectos y huevos de pájaros.

Crías de perezosos

Los perezosos son animales **solitarios**. Solo se juntan con otros para tener crías. Las hembras dan a luz una cría.

perezoso de
dos dedos de
Hoffmann
19

La cría necesita de su madre
entre cinco semanas y seis
meses. Después ya puede vivir
sola, aunque se mantendrá cerca
de ella hasta los cuatro años.

Más datos

- Los perezosos duermen hasta 20 horas al día. Cuando están despiertos no se mueven mucho.

- ¡Sorprendentemente son muy buenos nadadores!

- Bajan al suelo cada seis o siete días, para poder hacer sus necesidades. Se mueven por el suelo del bosque arrastrándose con sus garras delanteras.

Glosario

algas – organismos que viven principalmente en el agua y producen su propio alimento a través de la fotosíntesis. Son diferentes del resto de plantas porque no tienen hojas, raíces o tallos.

continente – una de las siete grandes regiones de terreno en la Tierra. Los continentes son África, la Antártida, Asia, Oceanía, Europa, América del Norte y América del Sur.

diversidad – de diferentes clases o tipos.

especie – grupo de seres vivos que se parecen entre sí y pueden tener crías.

larva – insecto en estado de crecimiento, después de salir del huevo y antes de cambiar a su forma adulta.

solitario – vivir sin nadie.

Índice

alimento 16

América Central 6

bosque lluvioso 4

cabeza 8

color 10, 14

crías 18, 20

especie 6

hábitat 4, 12, 14, 16

movimiento 12, 14

orejas 8

patas 8

pelo 10, 14

perezoso de dos dedos 6

perezoso de tres dedos 6, 10

Abdo Kids
ONLINE
FREE! ONLINE MULTIMEDIA RESOURCES

¡Visita nuestra página **abdokids.com** para tener acceso a juegos, manualidades, videos y mucho más!

Los recursos de internet están en inglés.